ROSE UND NACHTIGALL | Reihe: Apollon

Die Deutsche Nationalbibliothek – CIP-Einheitsaufnahme.
Die Deutsche Nationalbibliothek verzeichnet dieses Buch
in der Deutschen Nationalbibliografie;
detaillierte bibliografische Daten sind im Internet über
http://dnb.d-nb.de abrufbar.

Erste Auflage Januar 2014
Zweite Auflage April 2014
© Größenwahn Verlag Frankfurt am Main, 2014
www.groessenwahn-verlag.de
Alle Rechte vorbehalten.
ISBN: 978-3-942223-64-5
eISBN: 978-3-942223-65-2

Safiye Can

ROSE UND NACHTIGALL

Liebesgedichte

IMPRESSUM

ROSE UND NACHTIGALL
Reihe: Apollon

Autorin
Safiye Can

Seitengestaltung
Größenwahn Verlag Frankfurt am Main

Schriften
Constantia und FELIX TITLING

Covergestaltung
Ch. Rontos

Coverbild
Robert Leitner www.flagship.pro
Mit freundlicher Genehmigung
von Claudio Ricci und Alex Gavric
von Club Nachtigall, Wien, Österreich

Druck und Bindung
Print Group Sp. z. o. o. Szczecin (Stettin)

Größenwahn Verlag Frankfurt am Main
Januar 2014
April 2014

ISBN: 978-3-942223-64-5
eISBN: 978-3-942223-65-2

WANN IMMER ICH EINE ROSE SEHE
IN MIR, DIE NACHTIGALL.

Safiye

VORWORT

Safiye Can nimmt es sehr genau mit dem persönlichen Ton. Angefangen von der richtigen Tonalität über die Tonlage oder -farbe des stimmlichen Ausdrucks bis hin zum jeweils einzig passenden Tonfall jeder kleinsten rhythmischen Einheit des poetischen Textes hat sie stets alles präzise im Ohr und wacht darüber als ihrem kostbarsten Eigentum. Es ist ihre Musik. Ihre Liebesgedichte sind eine Art Programmmusik, da tauchen immer wieder Motivverbindungen auf, die uns beim Lesen oder Hören in gewisse Stimmungen versetzen, die Erinnerungen wachrufen, deren dramatische, heitere oder tieftrübe Akzente wir bei Safiye Can wiedererkennen. Und zwar auch dann, wenn uns die vielfältigen Sinnvorstellungen, die dem »Rose-und-Nachtigall«-Motiv in der tausendjährigen arabischen und türkischen Tradition zugeordnet wurden, fremd sind; und solange wir zudem von Safiye Cans Verhältnis zu diesem kulturgeschichtlichen Background zunächst nicht genau wissen, wie relevant es für ihre literarische Produktion überhaupt ist.

Safiye Can ist nämlich Tscherkessin, zu einem türkisch-kulturellen Hintergrund kam sie erst durch den Umstand, dass ihre Vorfahren vor hundertfünfzig Jahren aus dem Kaukasus in die Türkei zwangsumgesiedelt worden sind. Immerhin beherrscht sie das Türkische wie eine Muttersprache, lernte dann aber, da sie in Offenbach am Main geboren wurde und aufwuchs, Deutsch so natürlich als wie eine zweite Muttersprache hinzu. Und in dieser Sprache entfaltet sie sich nun künstlerisch, bringt sie jene poetische Programmmusik zum Erklingen, deren exklusiver Sound seinen Ursprung allerdings irgendwo im Zwischenkulturellen haben mag. Je länger sie dabei bleibt, je mehr Gedichtbände von ihr nach diesem ersten erscheinen mögen, umso genauer werden wir ihre Kunst zu verorten wissen. Die Perspektiven sind jedenfalls mehr als vielversprechend.

Gerhardt Csejka
Literaturwissenschaftler
September 2013
Frankfurt am Main

VORWORT ZUR 2. AUFLAGE

Wir lesen moderne, eigenständige, in persischer und osmanischer Tradition verankerte Liebesgedichte, die ihre ganz eigene unnachahmliche Sprache vor uns ausbreiten und, dichterisch gekonnt, ausgeprägt zu formulieren verstehen.

Wenn man wie ich schon viele Gedichte in seinem Leben gelesen hat, finde ich nicht mehr häufig solche wie die hier Vorliegenden, für die ich mich emphatisch begeistern kann und deren Poesie auch den »ewigen« Skeptiker in mir überzeugt.

In ihrem Gedichtband erzählt Safiye Can von Lebens- und Liebensdingen, von Liebesglück und Liebeskatastrophen und spürt mit genauem Blick auch der Liebe nach, die unmöglich zu sein scheint.

Der ansprechende und schön ausgestattete Band ist in fünf Kapitel unterteilt, jedes für sich die Aspekte der Liebe beleuchtend, wobei eines, »Zu Menschen in anderer Sprache« eine Liebeserklärung an die Stadt Frankfurt am Main beinhaltet, ein Kaleidoskop und eine kluge Charakterisierung, mit milder Ironie vorgestellt, aber von der Dichterin durchaus ernst genommen.

Liest man die Gedichte der Dichterin laut, erkennt man einen melodiösen und eigenwilligen Klang, der dem Geschriebenen als Vehikel dient, um Aussagen und Botschaften zu transportieren und bekräftigend zu untermalen, einen Sound, ein Markenzeichen, das, wie ich meine, diese Verse originär und unverwechselbar macht. Ebenso gewinnt man durch die Wahl der Metaphern, die zwischen Morgenland und Abendland, zwischen Überlieferungen und frischen Ideen angesiedelt sind, den Eindruck, Gedichte wie diese so noch nie gelesen zu haben, das Thema Liebe, alt wie die Menschheit, in neue, unerwartete Sprachbilder gekleidet, die im Gedächtnis haften bleiben, weil man sie weder vergessen möchte noch vergessen kann.

Safiye Can schreibt von der Liebe stürmisch, nachdenklich, traurig, himmelhochjauchzend zu Tode betrübt, wie man sagt, vom Verliebt sein, von »der Metaebene«, vom Verlassen werden und Vermissen. Nachhaltig beschreibt sie das Für und Wider, die Zweifel, den Versuch, das Gegensätzliche zu einem Ganzen werden zu lassen, Spannungsbögen.

Es ist nicht anmaßend, Safiye Can, diese junge Tscherkessin, die in Offenbach geboren wurde, in einem Atemzug mit großen deutschen Dichterinnen wie Ingeborg Bachmann, Marie Luise Kaschnitz oder Sarah Kirsch zu nennen, deren Nachfolge sie schon seit langem, bisher leider zu wenig wahrgenommen, angetreten hat.

Safiye Can wird zu den großen Dichterinnen unseres Jahrhunderts gezählt werden.

Michael Starcke
Lyriker
März 2014
Bochum

Für Dich,
dem Leser

KEIN SYNONYM FÜR LIEBE

Heyhat

1.

In weiter Ferne
unter dem Sternenhimmel
waren wir beide frei
in verschiedenen Ländern und Städten
das Firmament
unser beider Band

Heyhat: Türk. (urspr. altarab. هيهات)
u.a. vergeblich,ausweglos, jammerschade, welch Verlust!

2.

Noch bevor
die Sehnsucht nachließ
die Neugier
sich träge fortschleppte
spaltete sich das Glück
seilte sich ab
das Vertraute

3.

Gemeinsam rauchten wir
der Rauch
vermischte sich nicht
ineinander
wir vermischten uns nicht
miteinander
in deiner Handfläche
das Füreinander
zerbrach
brach
aus
e
  i

n

a
n

   d

er

4.

Tornado
Schutt
Ruine
Scherben
Trümmer
was auch immer
nicht reflektieren
das Leben geht weiter das Leben geht weiter
geh weiter geh weiter nicht stehen
bleiben bleib bleibe

5.

Schweigen ist nicht immer Gold
die Gewinner sind die Narren
so pflückt man keinen Tag
Züge –
abgefahren

6.

Solange ich dich dachte
warst du reell
existenziell
mit drei Punkten
begann ich dich
mit einem
wirst du jetzt
n   i   c   h   t   s.

Kein Synonym für Liebe

Liebe ist eine dunkle Sache
dunkel, wie der Mensch dunkel ist
gefangen in einer Kerkernacht
im Kopf tausend Kakerlaken
verloren in der Finsternis
windet
      und windet sich.

Liebe ist eine helle Sache
hell, wie der Mensch hell ist
auf lichterfüllter Straße
die Freiheit bis ins Knochenmark
von Wellen minütlich ans Ufer getragen
findet
      und findet sich.

Monolog mit Schnee

Wie geht restart, wie logout
wie funktioniert deinstallieren
wie vergessen?

Im Waldstück verliert sich
sein schwarzes Haar
Rücken zu Rücken sitzen wir
gedankenversunken
an zwei Seilenden.

Liebe hat nichts mit Logik zu tun
ausreichend ist bereits ein Seufzen
im Leben bar jeder Beständigkeit
hätten wir zum Trotz
alles sein können.

Stille kehrt ein, Schnee:
wirbel' uns auf, uns zusammen
will meinen Kopf
unter seinen Pulli stecken
und weinen
und weinen.

Breitengrad

Nach Heimat riecht sein Hemd.
Seine Hände, die Augen
– Ferne.

Metaebene

Hier muss ein Aufruf sein, ein Angebot
im Sekundenschritt des Pulses
werde nicht lebendig, stirb nicht
addiere mich in deine Stunden
subtrahiere mich, ziehe mich
aus den Verlusten gewesener Räume
gewesene Räume, säe mich
in dein maskulines Denken
umhüll mich, webe dich
in meine Träume ein
tiefentief hinein michdich
werde nicht lebendig, stirb nicht.

Die Buchstaben, poetische Gegenstände
hängen an einer Bleistiftspitze.
Angst habe ich so viel angesammelt
im Geigenspiel eines seltsamen Weges
werde nicht lebendig, stirb nicht
weißweiße Seiten auf unserem Schoß
Noten, Buchstaben, Noten
bereit und offen für alles Erdenkliche
komme keinen Schritt näher
gehe nicht
du und ich: das ist die ganze Geschichte
so ist auch hier das Schönste
allesalles Unausgesprochene.
Werde nicht lebendig
– also stirb nicht.

Funky Jazz Tage

Mit den Händen die Funky Jazz Tage
erwärme ich mir.
In Hessen weint eine Frau in die Nächte
weder du siehst sie, noch die Wachtmeister.
Vielleicht bist du eine Leerzeile
in einer Vita, vollbeladen
mit tiefliegenden Gefühlen
wann immer ich über das Wetter spreche
verschweige ich die Worte:
Forme mich um, erschaffe mich wieder
radiere mich aus, schreibe mich neu.

Welche Farbe deine Augen auch annehmen
aus dieser Ferne, Tropfen blauer Tinte.
Es gibt zwei Arten von Menschen
du und die anderen, ach, die anderen
jeden Abend flechte ich dich
in mein Haar hinein
Gedanken, Gedanken, Gedanken:
Gestalte mich neu, umrahme mich
peinige mich, herrsche, doch dann
ergib dich mit den Händen
in die Funky Jazz Tage.

Gewesene Tage

Abends lagen wir auf der Wolke
bei Tageslicht auf festem Boden
wollte ich dich nie austauschen
doch betrogst du mich
mit Istanbul, dieser Dirne
vorhin stieß ich an deine Wasserpfeife
blau stürzte sie und brach sich das Genick
ich fasste mir jäh ans Herz.

Kontakt

Tarotkarten aus dem Fenster geworfen
Verstaubtes ins Gedächtnis gehievt
dein Geruch, der Wind von Herbsttagen
deine Wärme, eine Seeanemone.
Engelgeister flüstern von dir, stieben auf
wenn ich vor ihnen erschrecke.
Inmitten des Gedichtes sitze ich
der Kopf zwischen beiden Händen
dein letztes Wort
kann mich nicht erinnern.

Ein kreidebleicher Winter

Kreidebleich der Winter, kratzt
an der Tür, haucht die Fenster an
die Einsamkeit sitzt mir gegenüber
der Schatten einer schwarzbraunen
Katze springt auf den Esstisch
wirft die Flasche um, aus der Flasche
empor fliegt weinrot ein Schmetterling
aus Trauer, lässt er einen Flügel fallen
meine Einsamkeit, eine Kerkereinsamkeit
golden glänzt du aus ihr heraus
ich halte fest an dir
deine Hände wärmen
die einer anderen.

Standortangabe

Durch Seitengassen flanieren
mit geistigem Zoom einer Fotografin
erreichbar für jedwedes Gefühl
der Sprache, die zu dir spielt
instrumental
immerfort.

Zusammentreffen

Als hätte ein Käfer
zu seinem Fühler gefunden
so war es
dir zu begegnen.

Begegnungen

Manche Tage sind solche
da laufe ich dir ständig
über den Weg, doch du
bist sie alle nicht.

Unabwendbar

    wohin ich auch blicke
        was immer ich höre
            womit ich auch beginne
                wonach mich umdrehe:
                      Du.

Der Schmerz

Er trinkt aus der Flasche
den Wein, trinkt und reißt
entzwei Briefe, Notiz zettel,
Postkarten, in ihm lodere die
Sehnsucht, die Krän kung,
die Flamme, zieht ihr Shirt aus
der Kommode, die Fotos auf dem
Laminat, das sie gemeinsam
ausgesucht, zeremoniell verbrennt er
die Wut, die Erinnerung, die ganze
Nacht, Bilder, Musik, adieu, Recht
behalten! Trinkt aus der Flasche,
seine Träne auf ihrem Fotogesicht,
wurde verlassen, wie schrecklich, wie
schrecklich! Wie schrecklich, sagt der
Freund gedan kenversunken, hatte nie
ein Foto, das wert war, verbrannt zu
werden, welch ein ungelebtes Leben ...

In Headington

Ich fühle mich nicht gut heute
und dich gab es nie.

WENIGER IST NICHTS

Dornröschen, Liebchen

Die Fender ist zertrümmert, Herzblatt
wenn du Nachhause findest
bring Papers mit
und Mischtabak.

Barbie ist vergiftet, Sahnehäubchen
werde mich hinlegen
wenn du den Heimweg findest
dreh den Gashahn ab.

Mischpult ist nicht mehr, Spätzchen
tragisch, doch Unfälle passieren
solltest du zur Wohnung finden
darfst du die Wände neu tapezieren.

Die Plattensammlung bringt's nicht mehr
Alkohol ist auch alle, Täubchen
der Verstärker – wie soll ich sagen
ist in der Badewanne ersoffen.

Und dein Motorrad, Liebchen
siehst du ja, wenn du kommst
in der Mikrowelle steht Essen
lass es dir schmecken.

Weniger ist Nichts

Binde mich los, schweiß uns aneinander
raube mir die Luft, hauche mir Atem ein
stoße mich von dir, fessle mich an dich
von allem trenne mich, sondere dich
stalke mich, ergreife die Flucht
verliere mich, um mich wieder zu finden
zerstöre uns, definiere von Neuem
zünde mich an, leg dich in Flammen
über das Maß hinaus ist jedes Lieben.

Mache mich zu deinem Himmel
mich zu deiner Hölle
hänge mich ab, verfolge mich
hasse mich, ächte mich
stelle dich, ergib dich
hüte dich vor mir, schütze dich
ich bin dein Gift, dein Gegengift
ändere den Schlachtplan
erhebe Pfeil und Bogen
über das Maß hinaus ist jedes Lieben.

Sei Therapeut, sei Zerstörer
werde Held, werde Henker
lege uns lahm, überflute uns
sperre mich ein, schließe mich aus
mache mich zu dir, werde zu mir
fokussiere mich, ignoriere mich
isoliere mich, separiere dich
schleudere mich fort, press mich an dich
töte uns, erwecke uns zum Leben
über das Maß hinaus ist jedes Lieben.

Quäle mich mit Fragen, mit Eifersucht
überschütte mich mit Liebe, mit Zuversicht
verklage mich, amnestiere mich
verstoße mich, umschließe mich
beschimpfe mich, erniedrige
brich mir das Herz, bandagiere
Liebe ist immer über das Maß hinaus
weniger ist Nichts
knie nieder, weine.

Zusammengekauert

Der Schmerz in mir
fürchtet sich zu reden
viel Kraft kann ein Wort kosten
Angst hat er sich zu regen
jede Bewegung, lernte er
kann Konsequenzen nach sich
ziehen, bewegt sich nicht
blickt stumpf, zuckt manchmal
hat Bauchkrämpfe, wimmert nicht.
Ungewiss, ob er Kälte spürt
blutleer, liegt da
isst nicht, trinkt nicht
stupst man, bleibt er tatenlos
sicher könnte ich auf ihn einschlagen
doch er handelte nicht
als hätte er die Seele ausgehaucht
liebt nicht, hasst nicht
letzten Sommer machten wir uns lustig
begossen ihn mit Wein und Wodka
lautes Lachen, Souvenirs nützen nicht
will keinen heißen Kakao gegen Winter
ziehe ich ihm warme Wollsocken an
auch ich habe längst aufgehört
mit ihm zu sprechen.
Zusammengekauert
der Schmerz in mir
hört nicht, regt sich nicht
manchmal denke ich
er ist einfach aufgestanden
und gegangen.
Schaue ich nach, ist er da.

INKOGNITO MINKOGNITO

Inkognito

Auf einer Skala von eins bis zehn
wären wir als Paar unter aller Sau.
Am liebsten setzte ich dich aus
an der A4
damit du nicht zurückfändest zu mir
ich nie wiederfände deine Knautschblicke.

Könntest dir einen Bart wachsen lassen
ich färbte mein Haar.
Mit großen Sonnenbrillen flögen wir
wie Moskitos voneinander weg
und prallten doch wieder aufeinander
trügen Baseballcaps, inkognito
verwischten unsre Spur mit Universalreiniger
zeigten der Forensik den Stinkefinger
und beklebten unseren Mund mit Panzertape
damit er ja nie mehr spräche
von Liebe.

Ich geh dann mal

Wenn du nicht vorhast, dich
in mich zu verlieben, dann
geh ich jetzt mal, geh dann
mal nachhause, die Decke
anstarren.

In deiner Gegenwart erzähl ich
Unfug, werde Unsinn, hier
bin ich nutzlos, bin unnötig, dann
geh ich jetzt mal in den Regen, hab
die Wollmütze und die Handstulpen
ich geh dann mal nachhause, die
Katze streicheln, kapitulieren.

Ich liebe dich und du, du
liebst die anderen
ich geh dann jetzt nachhause
die Pflanzen gießen, die
Bettdecke über den Kopf
zieh'n, mich
auflösen.

'tschuldigung

'tschuldigung, Sir
darf ich Sie küssen
am Mundwinkel, Sir
Küssen nur
und Wangestreicheln
'tschuldigung, es ist sehr kalt, Sir
darf ich ankuscheln
Kopf auf Brust nur
'tschuldigung, 'tschuldigung, Sir
sonst bin ich eher nicht so
darf ich Sie mit nachhause nehmen
an den Tisch setzen und betrachten
nur betrachten, Sir
Gott ist ein Künstler
versteh'n Sie
bloß am Mundwinkel nur
Sir
'tschuldigung.

Dementi

Ewige Liebe
schworen wir einander
kurze Zeit später
wurd's mir zu lang und
ihm zu bunt.

Danksagung

Du gingst, andere kamen
so wie ich liebte
wären sie nicht gekommen
wärst du nicht gegangen
du gingst, danke
andere kamen
amen.

WG-Einkäufe

fünf Kilo Glück
zwei Pfund Erfahrung
vier Gramm Achtung
eine Tüte Vorsicht
zwei Esslöffel Einsicht
war alles, was ich von Lidl
mitbrachte, damals
als ich mich in Albert Camus
verliebte.

Ewiger Prozess

Wer
Kläger ist
wer Angeklagter
ist nicht immer gewiss
ich habe mit der Poesie
einen endlosen Prozess.

Zu Menschen anderer Sprache
(Das Frankfurt am Main-Gedicht)

I.

Fällt der Abend auf die Alte Oper
milchiggelb das Licht in Anmut
das Wasser springt majestätisch empor
fällt samtig zurück in seinen Granit.
Vier Blitze Schlag auf Schlag
fotografieren den Platz
Verliebte händchenhaltend
das Kind auf dem Tretroller
ein anderes fährt Dreirad.

Läuft ein älteres Paar bei Rot über die Straße
Autos rasen, die Stadt in Eile
in Cafés rastet man und Restaurants
auf der Freßgass' lächeln sie kunterbunt
mit ihren Fackeln hin und wieder
läuft ein Dichter in Richtung Oper
heißt er Werner, heißt er Söllner?
Ein Potpourri aus Strophen
quillt aus dem Asphalt.

Der Goetheplatz atmet tief ein
atmet groß aus, die Skulptur blinzelt
seine Toga ins Abendlicht gewallt.
Freunde laufen verschiedensprachig
Freunde grüppchenweise
auf dem Gehweg hochstöckelnde Frauen
die Schaufensterpuppen beobachten diskret
Passanten.

Unter der Erde Gleis 2
Bahnen fahren in ihre Röhren, checken aus
»S9 nach Hanau Hauptbahnhof
über Offenbach Ost«.
Auf den Bahnsteigen flanieren Mäuse
unbeeindruckt der Stadtbewohner
nur Fremde hüpfeln und schrillen
das beruht auf Gegenseitigkeit
bei den Tieren.

Werbeplakate expressionistisch
Punk ertönt aus Kopfhörern laut
die Rolltreppe fährt wieder nicht/ Es wird gebaut.

Auf den Metallstufen Kaugummi
Bonbonpapier, eine zerplatzte Bierflasche
sonntags, querbeet Zigarettenstummel
mit eigener Geschichte
ein Koffer aufgeplatzt, nein doch nicht
einer holt die Jacke heraus
im April die Stadt ratlos, auf gut Glück
Sandalen und Shorts.

Sträucher fliedern ihren Duft in die Luft
fliedern den Menschen lila ins Haar
Röcke fliedern großzügig in der Luft
kräftige Motive ragen über die Stoffe.

II.

Ein Zug fährt aus der Ferne
in Richtung Frankfurt Hauptbahnhof
blickt zielstrebig an der Skyline hoch
nach langer Abwesenheit
ist das ein Gefühl, ein Gefühl wie
ich weiß nicht was.
Reisende auf Jagd, Gepäck kippt um
Ein Glas Äppler wird umgestoßen
Fußballfans grölen laut
die Rolltreppe fährt wieder nicht/ Es wird gespart.

Hunde pudelwohl, eine Katze mutig verlaufen
ängstelt im Gebüsch umher
am Main Jogger, Radler, Skater, Turteltauben
picknicken bei Kerzenlicht
aus einem Boot kann man türkischen Tee kaufen.
Am Flughafen blitzblank die Fliesen
eine PIA fliegt prächtig erhaben auf die Landebahn
Bodenlotsen neongelb orientiert
eine Übersetzerin dichtet Attilâ Ilhan ins Deutsche
in Sachsenhausen eine Shisabar unter Rauch
und Chillout.

Eine Bosporusmöwe hat sich in die Stadt verflogen
ein deutscher Dichter am Möwenschnabel
heißt er Horst Bingel?

Ein Dirigent hebt die Hand zum crescendo
das Orchester bombastisch im dritten Satz
im Schauspielhaus die Darsteller
leben und sterben auf der Bühne
der Applaus flutet die Gassen
der Applaus ist ein etwas
ein etwas, wie ich weiß nicht was.

An der Goethe Universität Campus Westend
auf dem Rasen eine Studentin
mit Friedrich Nietzsche eng umschlungen
der Philosophie-Professor der Uni
sitzt mit seinen Studenten in der Rotunde
vor ihm ein Espresso, ein Marmorstückkuchen
Amor fati, Herr von Wolzogen!

Nähe Schweizer Platz in einem Zimmer
tippt und tippt weiter Paulus Böhmer
ein Langgedicht entsteht dank Gabriele
– seiner Schreibmaschine

Ein Maler auf dem Weg zur Ekstase
der Busfahrer türkis in der Kurve
Gelehrte international prägen die Stadt
einer raucht Bruyère-Pfeife
mit reichlich Charisma heißt jener
Muepu Muamba.

III.

Am frühen Morgen in Villa Bonn
gähnt ein Wapiti unverfroren
ein Zimmermädchen schüttelt die Bettdecke auf
am Messeturm hämmert ein Mann, ununterbrochen
hier wird produziert, hier lebt man beisammen
im Schweiße des Angesichts
knapp siebenhunderttausend Menschen.

Einem Sommelier fällt ein Glas zu Boden
das Glas wird zum Sandkorn
»Unter dem Pflaster liegt der Strand!«
»Unter dem Pflaster liegt der Strand!«
am Börsenplatz Bulle und Bär nicht zu zähmen.

Ein Angestellter erzählt
vom Einmaleins der Banken
Verfügbarkeit, Sicherheit und die Zinsen!
Eine Bankierskrawatte fliegt zwölf Meter hoch
an der Mainzer Landstraße kommen sie entgegen
Mann an Mann, piekfein und gut gewachsen.

Auf dem Eisernen Steg Hagen Bonifer
tätowiert die Inschrift:
»Auf weinfarbenem Meer
segelnd zu anderssprachigen Menschen«
am Schaumainkai Hand in Hand
verschmust die Museen
ein Umzugswagen lädt eine neue Welt aus.

Die Worte in der Hosentasche lupenrein
rückt Gerhardt Csejka die Brille zurecht
Rhetorik und Poesie, Tag für Tag
im Wortgefecht.

Im 89er Golf GTI singt Klaus Hensel
nach Mitternacht »vom Staat, vom Staat«
trägt in seiner Brust von sieben
vier gigantische Dichterherzen.

Ein Journalist stellt die Schärfe der Welt ein
die Straßenmusik mit Saxophon und Violine
aus einem Fenster fließt behutsam Jazz
der Bass ist der Puls der Musik
ein Bass ist ein etwas, ein etwas
wie ich weiß nicht was.

In der U-Bahn, tiefenentspannt
Richtung Heerstraße Hausen
beobachtet Wilhelm Genazino
hin und wieder Rehe vorbeitrappen.

Aus dem Kabarettheater
Die KÄS, ertönt schallendes Gelächter
kunterbunt die Menschen, beisammen
heben zum Gruß die Gläser
auf der Bühne steht ein Mann
der Mann heißt: Şinasi Dikmen.

Auf einem Perpetuum mobile
ein Poet mit Zigarillo und Zylinder
fährt ohne Punkt und Komma
ein gewisser Harry Oberländer.

Wenn milchiggelb die Alte Oper
Züge einlaufen in den Frankfurter Hauptbahnhof
Dichter arbeiten an den Versen
wenn Professoren mit Studenten disputieren
vielsprachig Bewohner am Main picknicken
dann ist das, dann ist das
ein Gefühl von ich weiß nicht
was?

.

ROSE UND NACHTIGALL

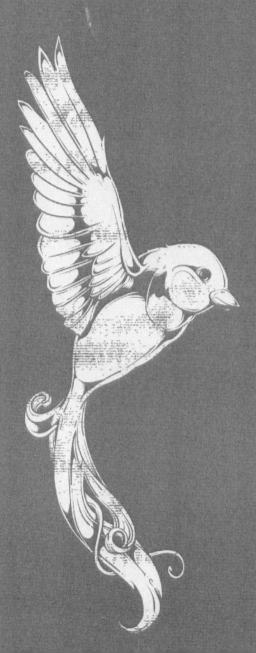

Rose und Nachtigall

Mit der Leere in der Magengrube
wohin ich auch blicke
umringt Sehnsucht die Dinge
fern vom Land der Rosen und Nachtigallen
verwandelt sich zu Stein
was ich berühre.

Als flöge ein Luftballon aus einer Kinderhand
blicke ich dem Gestrigen nach
die Aufregung vor Prüfungsräumen
das Hochgefühl letzter Pinselstriche
der Kalligraph in Istanbul-Çağaloğlu
Frankfurter Poetikvorlesungen
und jene Tage, an denen man vor Freude
hätte durchdrehen können.

Fern vom Land der Rosen und Nachtigallen
lese ich verlorene Träume auf
und stelle sie in eine Kristallvase.
Es ist leichter hundert andere
Leben zu retten, als das eine
eigene.

Irgendwer da draußen, jetzt
hat die Liebe verloren
einem anderen liegt sie zu Füßen
ein Dritter hebt sie vom Gehweg auf.

Liebe und Schmerz, Hand in Hand
der eine findet, der andere verliert
der eine schleudert fort, der andere brennt
mit dem Tageslicht, in der Nacht
der eine schreit, der andere verstummt.

Fern vom Land der Rosen und Nachtigallen
beweint an jeder Straßenecke
ein Grammophon meine missglückte
Sternenkonstellation.

Nicht immer siegt ein Ritter
aber auch nicht immer
ist der Drache der Feind
von Grund auf ändert sich keiner
erzählen wir einander, von unserm
Kern, was uns aufrecht hält
vom Inneren.

Fern vom Land der Rosen und Nachtigallen
lese ich verblasste Träume auf
und pflanze sie in Blumentöpfe.
Es ist leichter hundert andere
Leben zu retten, als das eine
eigene.

In manchen Nächten kann man
vor lauter Müdigkeit nicht einschlafen
eine Krähe krallt sich in deine Gedanken.
Das Verliebtsein ist keine Entscheidungsfrage
genügend ist eine Attosekunde
und unmöglich wird die Benutzung
des Verstandes, zu später Stunde.

Liebe und Schmerz, Hand in Hand
die eine findet, die andere verliert
die eine schleudert fort, die andere brennt
mit dem Tageslicht, in der Nacht
die eine verflucht, die andere beschenkt.

An manchen Tagen
mag man sich in den eigenen
Schatten hineinlegen
sehnt sich nach der Furche
einer fremden Handfläche.

Manchen fällt es schwer, sich
selbst zu betrügen, anderen
schwer, sich treu zu bleiben.
Es ist nicht leicht
mit Menschen zusammen zu leben
auch nicht leicht, einsam
zu sterben.

Im Land der Rosen und Nachtigallen
wurde eine andere zu der
die ich sein sollte.
Nun geschieht immer alles an Orten
an denen ich mich nicht aufhalte
man kann sich in einen Kilim
einrollen, in einem Glas Eiskaffee ertrinken
einer Pusteblume um den Hals fallen
und losschluchzen.

Unterwegs lese ich verlorene Träume auf
stricke sie zum Strophen-Schal zusammen
damit er wärmt, irgendwen da draußen
wärmt, den, der friert
wer nie gefroren hat, weiß nicht
um die, die Kälte erleben.

Aus der Ferne beobachte ich
die Morphologie, die
Tiefenpsychologie, beobachte
was unbeholfener dasteht
der Beobachter oder alles Beobachtete.

Fern vom Land der Rosen und Nachtigallen
soll wie viel ein Bildhauer noch sein
wenn er Bildhauer ist?
Wo er doch schon alles ist beim Meißeln
der Pfeil und der Degen
das Visier, das Magazin
das Siegen, das Kapitulieren.

Im Land der Rosen und Nachtigallen
wurde eine andere zu der
die ich werden sollte.
Nun geschieht immer alles an Plätzen
an denen ich mich nicht befinde
wohin ich mit dem Finger auch zeige
dort schlägt mein Herz.

Man kann sich hinter der Gardine
verstecken, in einem Bordeauxglas
die Realität totschweigen
oder eine Komödie anschauen
und losweinen.

Unterwegs lese ich verstoßene Träume auf
und decke sie warm zu
in meinem Zuhause.
In meiner Hosentasche ein Uhrenschlüssel
ein Strick, eine Gebetskette
mal schaue ich mir das eine an
mal das andere.

Fern vom Land der Rosen und Nachtigallen
ändere ich die Anordnung von Klaviertasten
und setze sie neu zusammen.

Unterwegs lese ich durchnässte Träume auf
und hänge sie an die Wäscheleine
in meinem Herzen das Herz einer Nachtigall
weiß nicht, wohin die Lebensleiter anlegen
wohin mit Händen und Füßen
an welches Postfach
die Enttäuschung adressieren.

Irgendwo da draußen, jetzt
wird ein heiliger Ort zum Tatort bestimmt
jeden Abend brennt die Sonne nieder
in einer Fußnote ist der Schlüssel
zur Erhellung liegen geblieben
eine Glühbirne zerplatzt
in einem fernen Motelzimmer.

Wie viel anderes soll eine Dichterin noch sein
wenn sie Dichterin ist?
Wo sie doch schon alles ist beim Dichten
der Kompass, die Peilscheibe
der Griff, die Klinge
das Wogende, die Zielscheibe.

Unterwegs lese ich zerknüllte Träume auf
und glätte sie mit dem Bügeleisen
ich sehne mich nach etwas
das ich nicht kenne.
In meinem Herzen das Herz einer Nachtigall
an jeder Straßenecke besingt ein Saxophon
die zähe Naivität meiner Seele.

Fern vom Land der Rosen und Nachtigallen
verwandelt sich zu Stein
was ich berühre
aus einem Stein wird keine Rose.

ROSE AND NIGHTINGALE
Translated by Hakan Akçit

Rose and Nightingale

With emptiness in my belly
wherever I look
desire surrounds everything
away from the country
of roses and nightingales
whatever I touch
turns to stone.

Like a balloon flying away
from a child's hand
I'm looking back to the past
the excitement of examination rooms
the exhilaration of the final touch
the calligrapher in Istanbul-Çağaloğlu
Frankfurt Lectures on Poetics
and those days
you're out of your mind
bathing in delight.

Away from the country
of roses and nightingales
I pick up lost dreams
and put them in a crystal vase
it's easier
to save a hundred other lives
than one's own.

Someone out there
has lost love right now
on the pavement it lies
in front of someone's feet
a third one picks it up.

Love and pain, hand in hand
one finds, one loses
one throws away, one burns
in the daylight, in the night
one screams, one falls silent.

Away from the country
of roses and nightingales
at every street corner
a gramophone wails
about my failed
star constellation.

Knights are not always triumphant
dragons are not always enemies.
Nobody entirely changes
we should reveal to each other
our inner self, reveal
what supports from within.

Away from the country
of roses and nightingales
I pick up faded dreams
and plant them in flowerpots
it's easier
to save a hundred other lives
than one's own.

Some nights you can't sleep
because of overtiredness
a crow claws at your thoughts.
Falling in love
is not a question of choice
an attosecond is enough
to make impossible the use of mind
at this time of night.

Love and pain, hand in hand
one finds, one loses
one throws away, one burns
in the daylight, in the night
one is cursed, one is gifted.

Some days you might lie down
in your own shadow
craving a strangers
hand furrow.

Some find it difficult
to deceive themselves
others to remain true.
It's neither easy to live
with people
nor to die lonely.

In the country
of roses and nightingales
someone became the person
I should be.
Now everything happens
at places, where I am not
you can roll up in a Kilim
drown in a cup of iced coffee
hug a dandelion
and start to weep.

On my way I pick up lost dreams
and knit them to a scarf of verses
to warm up anyone out there
warm the one who freezes.
He, who never has been frozen
doesn't know about those
who have experienced cold.

From a distance I observe
the morphology
the depth psychology
study what's more clumsy
the observer
or everything observed.

Away from the country
of roses and nightingales
shall what more a sculptor be
if he is already a sculptor?
Since he is everything when carving
the arrow and the sword
the visor, the magazine
the surrender, the victory.

In the country
of roses and nightingales
someone became the person
I should have been.
Now everything happens
where I don't find myself.
Wherever I point my finger
there beats my heart.

You can hide behind a curtain
hush reality
in a glass of Bordeaux
and start crying
while watching a comedy.

On the way I pick up discarded dreams
and wrap them up cozily at home.
In my pocket prayer beads
a rope, a watches key
sometimes I look at one
sometimes at the other.

Away from the country
of roses and nightingales
I change the arrangement
of the piano keys
and build new sequences.

On the way I pick up sodden dreams
and hang them on the clothesline.
In my heart the heart of a nightingale
I don't know
where to place the ladder of life
where to put my hands and feet
where to address my disappointment.

Now, somewhere out there
a sacred place becomes a crime scene
a light bulb shatters
in a Motel room far away
every evening the sun burns down
in a footnote the key of illumination
remains lying.

What else shall a poet be
if she is already a poet?
Since she is everything when writing
the compass, the pelorus
the handle, the blade
the billowing, the target.

On the way I pick up crumpled dreams
and smooth them with an iron
I long for something
which never was mine.
In my heart the heart of a nightingale
on every street corner a saxophone
sings about the tough naivety
of my soul.

Away from the country
of roses and nightingales
everything I touch
turns to stone
a stone is not a rose.

NACHWORT

Das Motiv »Rose und Nachtigall« in der türkischen Literatur.

In der schriftlichen und mündlichen Überlieferung der persischen und arabischen Literatur wurde seit Beginn der frühsten Epoche das Motiv »Rose und Nachtigall« benutzt. Zum Ende des 11.Jhd./Anfang 12.Jhd., das als die frühste Epoche der türkischen Literatur gilt, wurde das Motiv »Rose und Nachtigall« (osm. »gül ü bülbül«, türk. »gül ile bülbül«) zunehmend von türkischen Schriftstellern übernommen und in die türkische Literatur eingeführt. Die Diwan-Literatur, die damals als die Literatur der Erlesenen galt (türk. Divan Edebiyatı[1]) pflegt u.a. die Gedichtformen:

Gazel (dt. Ghasel)[2]
Kaside (dt. Kasside)[3]
Beyit (dt. Doppelvers)[4]
Musammat (dt. Gürtelgedicht)[5]

Dabei galten die Regeln und Vorgaben der arabischen Metrik, des sogenannten »aruz vezni«, und auch bestimmte zuvor festgelegte Motive waren zu berücksichtigen. Darunter »Rose und Nachtigall«.

Doch gemäß den Regeln der Diwan-Literatur haben die Autoren der Gazel-, Kaside-, Beyit-, Musammat- und der Mesnevi[6]-Dichtung, das Motiv »Rose und Nachtigall« nicht in derselben Bedeutung benutzt. Die Dichter der islamischen Mystik (türk. »Tasavvuf«)[7] setzten dieses Bild ein, um den religiösen Mystizismus zu erklären. Die anderen Dichter und Schriftsteller hingegen benutzten es, um den realen Alltag des sozialen Lebens darzustellen. Zur Verdeutlichung: Im Falle eines Dichters der Diwan-Literatur, der Gedichte mit religiösem Inhalt (türk. »tasavvufi«) verfasste, stand »Nachtigall« (»bülbül«) für einen Menschen, der in glühender Liebe zu Gott aufging und alles in seiner Macht stehende tat, um Gott nahe zu sein. Für die übrigen Dichter, die das alltägliche soziale Leben schilderten, symbolisierte sie vor allem einen Menschen, der für seine Liebe zum Vertreter des anderen Geschlechts bereit war, alles nur Erdenkliche zu vollbringen, um zur Geliebten zu gelangen.

Während die Tasavvuf-Dichter das Wort »Rose« in ihren Werken stets als Symbol für Gott als den absoluten Schöpfer einsetzten, bezogen es die übrigen Autoren hauptsächlich auf die Geliebte, für die man jegliche Mühe in Kauf nahm. Das »Rose und Nachtigall«-Motiv wurde sowohl von den Vertretern der islamischen Mystik als auch von allen übrigen Autoren in jeder ihrer Schaffensperioden verwendet. Das hatte im Wesentlichen damit zu tun, dass dieses Motiv der Prosa und Lyrik eine vielschichtige bildliche Tiefe verlieh. Das lässt sich an folgenden Beispielen deutlich machen:

Für die Dichtung der islamischen Mystik war die jeweilige Verfassung der »Rose« Sinnbild für alle verschiedenen Erscheinungsformen des Schöpfers. Bei den Dichtern der anderen Gedichtformen wiederum fand sich darin jeder nur erdenkliche Zustand der Geliebten gespiegelt. Die Knospe der Rose ist in der Dichtung der islamischen Mystik eine Metapher für die Unerreichbarkeit Gottes, während sie für die übrigen Dichter die Frische der Jugendjahre einer Geliebten symbolisiert, für deren Schönheit es sich lohnt zu sterben. Die Blätter der Rose, die sich im morgendlichen Wind wiegen, werden in der Dichtung der islamischen Mystik als neuer heiliger Befehl Gottes interpretiert. In den anderen Gedichtformen jedoch ist die morgendliche Regung der Blätter als Gruß eines Verliebten an seine Geliebte zu verstehen.
Diese Beispiele zeigen uns, dass die sich am strikten Versmaß und Vergleich ausrichtende Diwan-Literatur als eine Literatur der Symbole zu verstehen ist. Jedes benutzte Motiv hat sowohl eine symbolische Bedeutung als auch einen realen Bezug. Seit dem Altertum bilden Symbole und Bilder das Fundament der persischen und arabischen Literatur. Diese traditionelle Form der mündlichen und schriftlichen Erzählkunst wurde von den Dichtern und Schriftstellern der Seldschuken und Osmanen übernommen und weitergeführt. Die osmanischen Dichter und Schriftsteller haben dieses Erbe dann geographisch verbreitet und die Diwan-Literatur durch das Zufügen von weiteren Bildern bereichert. Der erste osmanische Dichter, der mit seinem vier-

bändigen Diwan[8] »Garib-name« hierzu einen großen Beitrag leistete, war Âşık Paşa. Âşık Paşa suggerierte den Lesern in seinem Diwan, der aus Gedichten der Gedichtformen Ghasel, Kasside, Beyit (Doppelvers) und Musammat (Gürtelgedicht) bestand, die Verhaltensregeln der Tasavvuf und erteilte ihnen Ratschläge, wie sie am besten frei von Sünde vor den Schöpfer treten konnten. Der Nachfolger von Âşık Paşa war Ahmedî und auch er schrieb überwiegend Tasavvuf[7]- und Mesnevi-Gedichte[6]. Doch er schrieb auch Gedichte, die sich mit dem sozialen Alltag des Lebens außerhalb der islamischen Mystik beschäftigten. Ahmedî, der auch der Verfasser des Werkes »Iskendername« ist, griff in einem Doppelvers seiner Ghasel-Dichtung die Thematik der »Rose und Nachtigall« auf, wenn er schrieb:

O, Nachtigall, dein Herz so krank!
Verzweifle nicht in deinem Käfig,
damit der Rosengarten eines Tages dein ist.[9,10]

Im 15. Jhd. hat der Dichter Şeyhi mit folgenden Versen die Wörter »Rose« und »Nachtigall« im Sinne der Dichtung islamischer Mystik (Tasavvuf[7]-Dichtung) gebraucht:

Lasse des Kosmos' Geheimnis verschlossen
wie eine Knospe
Wir wollen unser Herz in Vorfreude
des Rosengartens öffnen.[10,11]

Als Gegenbeispiel zu den oben genannten Dichtern der islamischen Mystik kann der Dichter Nedim aus dem 18. Jhd. genannt werden, der in seinen Gedichten das »Rose und Nachtigall«-Motiv im sozial realen Kontext benutzte, wenn er schrieb:

*Je öfter der Berg die qualvollen Aufschreie
der Nachtigall hört
Desto bunter bestückt die Rose das Tiefland
mit ihrer Farbenpracht.*[10,12]
(eine »Nedim-Kasside«)

Auch die folgenden Verse verdeutlichen seine Interpretation von »Rose und Nachtigall«:

*Da stehst Du vor mir, in der einen Hand das Glas,
in der anderen die Rose
Welches nur soll ich nehmen,
die Rose, das Glas, Dich ...*[10,13]
(eine »Nedim-Ghasel«)

In diesen beiden Doppelversen aus jeweils einem Ghasel und einem Kasside hat der Dichter Nedim die »Rose und Nachtigall« als zwei Bestandteile des sozialen Lebens personifiziert.
Ich hoffe, dass dem Leser durch den Vergleich dieser Doppelverse von Nedim mit den oben zitierten Doppelversen von Ahmedî und Şeyhi die Intention, mit der man das »Rose und Nachtigall«-Motiv in der Diwan-Literatur gebraucht hat, verdeutlicht wurde. Das von den oben erwähnten Dichtern der Diwan-Literatur je nach Kontext in unterschiedli-

cher Bedeutung benutze Motiv von »Rose und Nachtigall« bzw. »Nachtigall und Rose« (»Gül ü Bülbül« bzw. »Bülbül ü Gül«) wurde auch gleichzeitig der Titel der Diwane vieler Dichter und Schriftsteller. Der erste Dichter, der mit einer kleinen Abänderung das Motiv »Rose und Nachtigall« als Titel seines Werkes benutzte, war der osmanische Dichter Rifai. Das Werk mit dem Namen »bülbül-name« von Rifai unterschied sich von den Werken anderer Diwan-Dichter in einem Punkt: seine Mesnevi-Gedichte endeten immer mit einem Ghasel. Das uns bekannte zweite Mesnevi-Werk, das in der osmanischen Zeit geschrieben wurde, ist »Gül ü Bülbül« (»Die Rose und die Nachtigall«) von dem Dichter Fazlı. Von diesem Mesnevi-Werk, das 1550 geschrieben und dem osmanischen Prinzen Mustafa vorgelegt wurde, sind in verschiedenen Bibliotheken der Türkei noch zwanzig handgeschriebene Exemplare erhalten. Das im Verständnis der islamischen Mystik (Tasavvuf'-Philosophie) und in der Mesnevi Gedichtform geschriebene Werk »Gül ü Bülbül« des Dichters erregte aufgrund seines reichhaltigen Inhalts und seiner einzigartigen bildlichen Sprache auch die Aufmerksamkeit vieler europäischer Forscher. Einer dieser Forscher war der bekannte Orientalist und Übersetzer Joseph von Hammer-Purgstall. Hammer-Purgstall, der von dem reichen Inhalt des Werkes und der Originalität beeindruckt war, übersetzte es in die deutsche Sprache und veröffentlichte es in der Stadt Pest (das heutige Budapest) im Jahre 1834 gemeinsam mit der Originalfassung unter dem

Titel »Gül u Bülbül, das ist: Rose und Nachtigall«. Die Übersetzung von Hammer-Purgstall gefiel der Schriftstellerin Dora D'Istria so sehr, dass sie große Teile des Werkes ins Französische übersetzte, während Elias J. W. Gibb das gesamte Werk ins Englische übersetzte.

Ein weiteres Werk, das seit dem 16. Jhd. bis in die Gegenwart überdauerte, ist das Mesnevi-Werk mit dem Titel »Gül ü Bülbül« von dem Dichter Bekai aus der Stadt Iznik. Die letzten Werke aus der Epoche der Diwan-Literatur, die gleichzeitig das Motiv »Rose und Nachtigall« als Titel gebrauchten, sind die Diwane:

»Gülşen-i Ebrar ve Maden-i esrar« von dem Dichter Müniri,

»Gül ü Bülbül« vom Khan der Krim, Gazi Giray,

»Gülbün-ü Hanan« von Halim Giray und

»Gülşen Abad« von Şemseddin Sivas-i.

Auch wenn einige der oben genannten Dichter und Schriftsteller im Titel ihrer Diwane nur das Wort »Rose« benutzten, implizierte die Rose doch automatisch die Nachtigall, die dann in den Gedichten selbst Verwendung fand, was geradezu unumgänglich war.

Mit den angeführten Beispielen habe ich versucht zu verdeutlichen, dass das Motiv »Rose und Nachtigall« in der türkischen Literatur seit nun fast tausend Jahren benutzt wird. Erwähnenswert ist auch, dass die religiöse Bedeutung dieses Motivs in der schamanischen Mystik der Turkvölker vorzufinden ist. In einigen Ritualen der Schamanen wird der »Geist« (durch die Meditation in Begleitung einer Trommel) von allem irdischen Bösen befreit, um gereinigt zu Gott aufsteigen zu können. Das in der Tasavvuf-Dichtung gebrauchte Bild der »Reinigung des Geistes« taucht somit schon sehr früh in der schriftlichen türkischen Erzählkunst, insbesondere in den Geschichten des Dede Korkut auf. Es lässt sich also nicht mit Exaktheit sagen, wann das Motiv »Rose und Nachtigall« in die türkische Literatur eingeführt wurde. Auch wenn man nicht genau bestimmen kann, wann und aus welchen Gründen es übernommen wurde, so ist es doch bemerkenswert, dass es seit fast tausend Jahren von türkischen Autoren verwendet wird und fester Bestandteil der türkischen Literatur ist.

Besonders bemerkenswert ist es, wenn die in Deutschland geborene Safiye Can, die in den Grundlagen der deutschen Dichtung ausgebildet wurde, dieses Motiv mindestens genauso meisterhaft gebraucht, wie die zeitgenössischen türkischen Dichter, die in der Türkei leben und dort in der türkischen Literatur ausgebildet wurden. Für mich ist dies nicht nur von Bedeutung, sondern auch von großer Wichtigkeit. Denn ich bin der festen Überzeugung, dass ihre Gedichte frischen Wind in die Dichtung beider Länder bringen werden.
Ich beobachte Safiye Cans Arbeiten seit dem Tag, an dem ich sie kennengelernt habe. Der Grund hierfür ist die starke innere Stimme, die ich jedes Mal aus ihren Gedichten vernehme, wenn sie diese vorträgt oder ich sie selbst lese. Jeder Leser, der das vorliegende Werk »Rose und Nachtigall« liest, wird

diese innere melodische Stimme, die ich mit der Intensität eines zunehmend lauter werdenden Wasserfalls vergleiche, wahrnehmen. Darüber hinaus wird der Leser Beobachter dessen, wie eine Dichterin das Antlitz der Stadt, in der sie lebt, mit gefühlvollen Worten streichelt und mit demselben Enthusiasmus beschreibt, wie man über einen Geliebten schreibt. Der Leser wird teilhaben am Duft der Rose und Zeuge einer vom Gewitterregen durchnässten Nachtigall sein. Mit anderen Worten: der Leser wird einen mit östlichen Motiven geschmückten und bereicherten westlichen Gedichtband vor sich finden.

Murat Tuncel
Philologe
August 2013
Den Haag

ANMERKUNGEN ZUM NACHWORT

[1] *Divan Edebiyatı*: Diwan-Literatur.
Sie ist die Literaturform, die die Türken nach der Konvertierung zum Islam und durch die Adaption der Regeln aus der persischen und arabischen Literatur ins Leben gerufen haben. Besonders kennzeichnend ist die Übernahme des arabischen Versmaßes »aruz vezni« und die häufige Anwendung von Symbolen und Motiven.

[2] *Gazel*: dt. Ghasel, ein Diwan-Gedicht, das einem bestimmten Thema oder einer bestimmten Person gewidmet ist. Es besteht aus einer Folge von zweizeiligen Strophen (mehrere Beyit[4]), deren zweiter Vers immer den in der ersten Strophe angewandten Reim hat (»wiederkehrender« oder »rührender« Reim [aa ba ¨ xa]).

[3] *Kaside*: dt. Kasside, ein aus nicht weniger als fünfzehn Versen bestehendes Diwan-Gedicht, das geschrieben wurde, um den Sultan oder den Propheten zu loben (Langes Lobgedicht).

[4] *Beyit*: dt. Doppelvers, Grundeinheit der Diwan-Dichtung, ein Gedicht aus zwei Zeilen, die in einer engen Bindung zueinander stehen. Wie auch beim

Ghazel² sind einige Gedichtformen der Diwan-Literatur durch das nach strengen Regeln festgelegte Aufeinanderfolgen dieser Doppelverse bestimmt.

⁵ *Musammat*: ein aus mindestens vier und höchstens zehn Strophen bestehende Gedichtform, das sogenannte »Gürtelgedicht«.

⁶ *Mesnevi*: religiös-belehrende Gedichte, die aus mehreren Doppelversen (»Beyit«) mit paarweise reimenden Halbversen bestehen (paarreimendes Langgedicht [aa bb cc]). Mesnevi werden gleichzeitig auch die Werke genannt, die aus Mesnevi-Gedichten bzw. einer Mesnevi-Sammlung bestehen.

⁷ *Tasavvuf*: ist die religiöse Philosophie, die die Beziehung von Gott, dem Menschen und der Umwelt in einem Gesamtkontext umfasst und die Beeinflussung des Menschen durch göttliche Tugenden beabsichtigt. Die Verfechter dieser Philosophie werden »Mutasavvıf« genannt. Einem Mutasavvıf zufolge steht Gott über allem und ist die höchste Instanz. Wie alle irdischen Geschöpfe wird auch der Mensch irgendwann zum Schöpfer zurückkehren. Um frei von Schuld und Sünde vor den Schöpfer treten zu können, muss sich der Mensch zuvor von allem Bösen befreien. Die Befreiung erfolgt durch die Erlangung der Tugendhaftigkeit, die durch gottesdienstliche Verrichtungen zu erreichen ist.

[8] *Divan*: Diwan wird in der Literatur des Nahen und Mittleren Osten das Werk bzw. die Gedichtsammlung genannt, das alle Gedichte und Texte eines Dichters der Diwan-Literatur beinhaltet.

[9] Orig. osm.:
»Ey bülbül-ü dil hasta melul olma kafeste
Kim menzilin ol bağ ü gülistan ola birgün.«
Übertragung ins Türkische:
»Ey gönlü hasta bülbül!
Kafeste kederlenme ki,
günün birinde o gül bahçesi senin olsun.«

[10] Bei den Übersetzungen der Gedichte aus der Diwan-Literatur in Deutsche handelt es sich um freie Übersetzungen von Safiye Can.

[11] Orig. osm.:
»Zamana sırrını ko, ganca gibi ser-beste
Çemen sefasına dil guşa olalım.«
Übertragung ins Türkische:
»Bırak feleğin sırrı gonca gibi kapalı kalsın
Biz gül bahçesinin sefasına gönlümüzü açalım.«

[12] Orig. osm.:
»Turfe rengarenk-i aheng eylemiş sahrayı pür
Küh ses verdikçe şeyda bülbülün efganına.«
Übertragung ins Türkische:
»Dağ çılgın bülbülün feryadına ses verdikçe
Gül, ovayı ahenkli renkleriyle donatır.«
(Nedim-Kaside)

[13] Orig. osm.:
»Bir elinde gül, bir elinde cam geldin sakiya
Kangisin alsam, gülü yahut ki camı ya seni.«
Übertragung ins Türkische:
»Ey saki, bir elinde gül, bir elinde kadehle geldin
Acaba hangisini alsam, gülü mü, kadehi mi,
yoksa seni mi ...« (Nedim-Gazel)

WANN IMMER ICH EINE ROSE SEHE
IN MIR, DIE NACHTIGALL.

Safiye

SAFIYE CAN

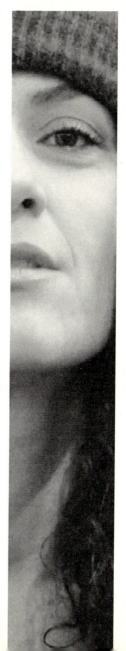

© Foto: Jaques Fleury-Sintès

Safiye Can ist 1977 als Kind tscherkessischer Eltern in Offenbach am Main geboren. Sie hat Philosophie, Psychoanalyse und Rechtswissenschaft an der Goethe Universität in Frankfurt am Main studiert und ihre Magisterarbeit mit der Bestnote über Friedrich Nietzsches »Also sprach Zarathustra« abgeschlossen.
Seit 2013 ist sie Kuratorin der »Zwischenraum-Bibliothek« im Auftrag der Heinrich-Böll-Stiftung, seit 2010 Mitarbeiterin der Horst Bingel-Stiftung für Literatur und aktives Mitglied der Vereinigung türkischsprachiger Schriftsteller Europas (ATYG).

Mehrere Jahre war sie am Landestheater Burghofbühne Dinslaken Regieassistentin für ein Schauspiel nach Yüksel Pazarkaya, arbeitete zuvor als Vertretungslehrerin in Offenbach am Main.
Safiye Can leitet seit 2004 erfolgreich Schreibwerkstätten an Schulen und ist ehrenamtliche Mitarbeiterin bei Amnesty International. Die auch als literarische Übersetzerin tätige Autorin erhielt für ihre Gedichte mehrere Literaturpreise.
Derzeit studiert sie im Zweitstudium Germanistik und Kunstgeschichte an der Goethe Universität in Frankfurt am Main.
Mit »Rose und Nachtigall« liegt uns ihr Debüt vor.
Autorenwebsite: www.safiyecan.de

Gerhardt Csejka
*1945 in Guttenbrunn/Rumänien, Literaturwissenschaftler und Übersetzer rumänischer Literatur. Er lebt und arbeitet in Frankfurt am Main.

Michael Starcke
*1949 in Erfurt, Lyriker. Er lebt und arbeitet in Bonn.

Murat Tuncel
*1952 in Kars/Türkei, Schriftsteller und Philologe. Er lebt und arbeitet in Den Haag/Niederlande.

Hakan Akçit
*1975 in Duisburg, Schriftsteller und Übersetzer. Er lebt und arbeitet in Duisburg.

INHALT

7 Vorwort · Gerhardt Csejka
9 Zweites Vorwort · Michael Starcke

KEIN SYNONYM FÜR LIEBE

17 Heyhat
23 Kein Synonym für Liebe
24 Monolog mit Schnee
25 Breitengrad
26 Metaebene
27 Funky Jazz Tage
28 Gewesene Tage
29 Kontakt
30 Ein Kreidebleicher Winter
31 Standortangabe
32 Zusammentreffen
33 Begegnungen
34 Unabwendbar
35 Der Schmerz
36 In Headington

WENIGER IST NICHTS

41 Dornröschen, Liebchen
42 Weniger ist Nichts
44 Zusammengekauert

INHALT

INKOGNITO MINKOGNITO

- 49 Inkognito
- 50 Ich geh dann mal
- 51 'tschuldigung
- 52 Dementi
- 53 Danksagung
- 54 WG-Einkäufe
- 55 Ewiger Prozess

ZU MENSCHEN ANDERER SPRACHE

- 59 Zu Menschen anderer Sprache
  (Das Frankfurt am Main-Gedicht)

ROSE UND NACHTIGALL

- 73 Rose und Nachtigall

ROSE AND NIGHTINGALE (ENGLISH)

- 89 Rose and Nightingale · by Hakan Akçit

- 103 Nachwort · Murat Tuncel

- 112 Anmerkungen zum Nachwort
- 119 Biographisches

**GRÖSSEN
WAHN
VERLAG**

Lenaustraße 97
60318 Frankfurt am Main
Tel.: +49 (0)69 48 00 29 92
Mobil: +49 (0)171 28 67 549
www.groessenwahn-verlag.de